VILLE DE CHARLEVILLE

RÈGLEMENT

DE

L'ABATTOIR

✦ ✦ ✦

ARRÊTÉ

✦ ✦ ✦

CHARLEVILLE
Imprimerie P. ANCIAUX, 37-39, rue de l'Arquebuse, et 18, rue de Clèves

1923

RÈGLEMENT DE L'ABATTOIR

ARRÊTÉ

Le Maire de la ville de Charleville, Officier de l'Instruction publique et du Mérite agricole,

Vu les arrêtés municipaux, en dates des 8 juillet 1905 et 1er décembre 1908, portant règlement de l'abattoir public ;

Vu les délibérations du Conseil municipal en dates des 13 mai et 9 décembre 1922, approuvées par M. le Préfet des Ardennes le 27 janvier 1923,

ARRÊTE :

Les dispositions des arrêtés susvisés des 8 juillet 1905 et 1er décembre 1908 sont annulées et remplacées par les suivantes :

ARTICLE 1er

L'abattoir public est placé sous la surveillance du Maire et la direction du Préposé en chef ou principal de l'octroi.

Personnel de l'Abattoir

ARTICLE 2

Le personnel de cet établissement est composé comme suit :

1o Un vétérinaire-inspecteur ;
2o Un receveur ;
3o Un gardien-concierge.

Le vétérinaire-inspecteur est chargé de l'inspection des animaux introduits dans l'abattoir ou amenés sur les foires, de la visite sanitaire des viandes abattues et des denrées alimentaires mises en vente, ainsi que des mesures propres à assurer, dans l'abattoir, la salubrité et l'hygiène publique. Il est assermenté, l'exercice privé de sa profession et de tout commerce lui est interdit, sauf dans le cas où, par mesure d'intérêt municipal ou par suite de cas imprévu, l'emploi en question serait confié temporairement à un vétérinaire qui ne pourrait s'astreindre à cette interdiction.

Il visite les animaux introduits, les viandes abattues et les viandes foraines présentées à l'abattoir ; il procède aux saisies, prescrit et fait exécuter les mesures de dénaturation, d'enfouissement ou d'évacuation des viandes malsaines ; il veille à l'entretien en état de parfaite propreté de toutes les parties de l'abattoir.

Il rend compte au Maire, par rapports spéciaux fournis conformément à l'article 38, des faits intéressant son service ; il transmet également un rapport mensuel des saisies opérées. Enfin, il est chargé de l'inspection sur les foires et marchés, dans les étaux, caves et boutiques et partout où ils sont mis en vente, des produits de la pêche fluviale et maritime, des produits de basse-cour, du gibier et en général de toutes les matières de nature animale et de toutes les denrées pouvant servir à l'alimentation humaine.

Le Receveur est responsable de la perception des droits d'octroi et des autres taxes municipales à l'abattoir. Il procède aux opérations de pesage des viandes ou des animaux et surveille rigoureusement les entrées et les sorties.

Les commerçants sont tenus de placer eux-mêmes sur la bascule les viandes ou animaux à peser et de les en retirer aussitôt le pesage. Le Receveur doit s'assurer, avant chaque opération, que les viandes présentées ont subi la visite sanitaire et qu'elles sont dûment estampillées.

Le gardien-concierge a la garde de toutes les clefs de l'abattoir ; il veille à ce que celles des locaux lui soient fidèlement remises par les occupants, dès que ceux-ci ont terminé leurs travaux de la journée. Il exécute les prescriptions du règlement relatives aux heures d'ouverture et de fermeture de l'abattoir et ne doit livrer les clefs des locaux qu'aux titulaires ou à leurs employés ; il est chargé, sous la direction de l'inspecteur, des travaux de propreté dans toutes les parties de l'établissement que les bouchers, charcutiers ou tripiers n'ont pas charge de nettoyer ou d'entretenir eux-mêmes. Il exerce la police intérieure, veille à la conservation des bâtiments et du matériel et signale au Receveur, qui en informe immédiatement le Préposé en chef, les réparations nécessaires, les dégradations, les incidents et les infractions autres que celles concernant le service sanitaire, la salubrité et l'hygiène ; il rend compte de ces dernières au vétérinaire-inspecteur, qui les réprime pacifiquement ou les signale au Maire par l'intermédiaire du Préposé en chef.

Fonctionnement de l'abattoir

ARTICLE 3

L'abatage des taureaux, bœufs, vaches, veaux, génisses, moutons, chèvres et chevreaux, agneaux et porcs, chevaux, ânes et mulets, ne pourra avoir lieu que dans l'abattoir municipal. Toutes les tueries particulières sont interdites sur le territoire de la commune de Charleville. Néanmoins, les habitants qui élèvent des porcs pour la consommation de leur maison, pourront les faire abattre chez eux, pourvu que cette opération puisse avoir lieu dans un local clos, séparé de la voie publique.

Le grillage de ces animaux ne pourra être fait qu'à cent mètres au moins de toute habitation et du lever au coucher du soleil. L'abatage n'en sera permis qu'après déclaration au bureau de l'abattoir.

Le poids de la viande nette, celui des abats et issues sera ensuite déclaré au même bureau pour la perception des droits à l'effectif, au plus tard dans la journée du lendemain de l'abatage.

ARTICLE 4

Il sera perçu à l'abattoir les taxes suivantes :

Taxe d'abatage sur les animaux tués à l'abattoir :

Trois centimes par kilo de viande nette, ci............... 0 03

Taxe de visite et de poinçonnage sur les viandes foraines :

Deux centimes par kilo de viande nette, ci............. 0 02

Droit de stationnement des animaux à l'abattoir par tête et par jour, à compter du surlendemain de leur entrée. Les animaux retirés de l'abattoir sans y être sacrifiés, après observation des conditions spéciales fixées à ce sujet par l'article 14, seront soumis à la taxe de stationnement pour la durée intégrale de leur séjour, le jour de l'entrée et celui de la sortie étant comptés comme journées entières.

Bœufs, taureaux, vaches, chevaux, ânes ou mulets. 0 30

Moutons, chèvres, veaux ou porcs.................. 0 15

Location annuelle de portion d'étable pouvant contenir cinq bœufs ou vaches.................................... 150 »

Location annuelle de portion de bouverie pouvant contenir deux veaux et cinq moutons........................ 50 »

Location hebdomadaire de chaque salle de triperie..... 4 »

Location annuelle de portion de toit à porcs pouvant contenir cinq de ces animaux........................... 50 »

Droit de fonte de suif : par 100 kilos de suif fondu 0 75

Location annuelle de parties de grenier pouvant contenir un approvisionnement d'une semaine pour cinq bœufs ou vaches.. 25 »

Location annuelle de locaux ou emplacements pour dépôt autorisé d'objets non contraires à l'hygiène, par mètre carré 5 »

Location annuelle de locaux ou emplacements pour dépôt autorisé de matières insalubres : par mètre carré.......... 10 »

Les viandes, abats et issues ne peuvent séjourner à l'abattoir au-delà du lendemain de l'abatage.

ARTICLE 5

La répartition des cases d'abatage et échaudoirs entre les bouchers sera faite selon les besoins de chacun d'eux, par l'Administration, sur la proposition du vétérinaire-inspecteur et l'avis du préposé en chef. Les autres habitants, propriétaires de bestiaux, ainsi que les bouchers de l'extérieur, pourront faire usage de l'abattoir public, en acquittant les taxes d'abatage et en se conformant au présent règlement. Les échaudoirs leur seront désignés comme il est dit ci-dessus.

L'attribution des étables ou greniers sera faite moyennant les droits de stationnement ou de location fixés à l'article 4.

En cas d'insuffisance des cases d'abatage et échaudoirs, le dernier arrivant devra se servir de la case la moins employée. Lorsque plusieurs bouchers devront occuper successivement la même case, chacun d'eux ne devra pas y travailler plus de deux heures consécutives.

Une partie de l'abattoir, séparée du reste de l'établissement, est spécialement affectée au stationnement et à l'abatage des chevaux, ânes et mulets.

ARTICLE 6

L'abatage des bestiaux et tout travail dans l'abattoir ne pourront avoir lieu qu'aux heures ci-après :

En mai, juin, juillet et août, de cinq heures du matin à huit heures du soir ; en mars, avril, septembre et octobre, de six heures du matin à sept heures du soir ; en janvier, février, novembre et décembre de sept heures du matin à six heures du soir. Exceptionnellement, le Maire pourra autoriser, pendant les mois de juillet et août, l'ouverture de l'abattoir à quatre heures du matin.

Les fêtes et dimanches et les jours fériés, l'établissement sera fermé à deux heures du soir. Cependant, le Maire pourra retarder la fermeture jusque quatre heures du soir pendant la période du 15 juin au 30 septembre.

En cas de besoin dûment constaté par le vétérinaire-inspecteur, les bestiaux pourront être abattus en dehors des heures sus-indiquées.

Les animaux introduits après la clôture de l'inspection sanitaire de la journée ne pourront être abattus avant l'heure du commencement de la visite du lendemain.

ARTICLE 7

L'introduction des bestiaux et des viandes dans l'abattoir, la sortie des animaux dont l'enlèvement aura été autorisé, comme il est dit à l'article 14 et celle des viandes ne pourront, en aucun cas, avoir lieu en dehors des heures déterminées par les § 1, 2 et 3 de l'article précédent.

ARTICLE 8

Les bouchers ou charcutiers ou leurs garçons devront être présents au moment de l'arrivée des animaux à l'abattoir, à moins que les conducteurs ne soient autorisés à les suppléer. Dans tous les cas, ils seront responsables de tous les dégâts ou des accidents que les animaux pourront causer, soit au moment de l'introduction, soit après.

Les conducteurs sont tenus de déclarer immédiatement au receveur le nombre et l'espèce des animaux, ainsi que les noms et adresses des destinataires et de signer leurs déclarations au registre à ce destiné.

Tout enlèvement d'animal non abattu devra être précédé de l'autorisation spécialement prévue par l'article 14 et fera en outre l'objet d'une déclaration préalable de sortie qui sera également signée par le propriétaire ou le conducteur responsable.

ARTICLE 9

Le pesage des animaux et des viandes sera fait comme il est dit à l'article 2. Les bouchers et charcutiers ou leurs représentants devront toujours y assister. Il aura lieu d'office lorsque les circonstances l'exigeront.

Service sanitaire

ARTICLE 10

L'inspecteur-vétérinaire visitera chaque animal au moment de son entrée et pendant son séjour à l'abattoir.

Les bestiaux reconnus malsains ne seront pas admis à l'abattoir; seront exclus ceux qui deviendraient malades après leur admission. Ces derniers seront même, en cas de nécessité reconnue par l'Inspecteur, abattus par leurs propriétaires ou à leurs frais. Toutes les parties d'un animal ainsi abattu seront saisies et séquestrées, sans aucun recours du propriétaire, à l'exception de celles dont l'inspecteur sanitaire autorisera le prélèvement; la taxe d'abatage sera toujours perçue. Seront également saisies et séquestrées les viandes et issues qui seront, après l'abatage, reconnues impropres à la consommation. L'enlèvement des viandes saisies et des détritus de l'abattoir sera assuré par la ville.

Tout transport de viandes saisies donnera toujours lieu à la délivrance d'un passe-debout par le Receveur de l'abattoir. Celui-ci y mentionnera l'espèce et le poids exact de la viande, ainsi que le nombre et la nature des morceaux; il y indiquera également le délai, strictement nécessaire, dans lequel le chargement devra être sorti des limites de la commune. En cas de sortie non justifiée, la décharge du passe-debout sera refusée et le soumissionnaire poursuivi pour infraction au présent article.

S'il y a contestation sur la qualité de la viande ou sur l'état d'un animal, un vétérinaire étranger au service de l'abattoir pourra être appelé par l'intéressé, mais immédiatement et à ses frais. Si les deux vétérinaires ne tombent pas d'accord, un troisième sera désigné par le Maire, et sa décision sera exécutoire. Les honoraires de ce dernier vétérinaire seront également à la charge du propriétaire de l'objet du litige.

En cas de confiscation des viandes ou d'expulsion des bestiaux, le vétérinaire-inspecteur devra établir un rapport sur un registre spécial déposé au bureau du receveur. Ce rapport sera signé, le cas échéant, par les vétérinaires étrangers qui auront été appelés à statuer.

Lorsqu'il y aura saisie totale pour cause de tuberculose, le cadavre saisi restera pendant trois jours francs avec le cuir adhérent à la tête, pour permettre la reconnaissance de l'animal par les vendeurs.

En cas de saisie partielle, pour cause de tuberculose, lors de l'utilisation des viandes le cuir de l'animal atteint sera mis en réserve et plombé. Une marque distinctive sera appliquée tant sur le cuir que sur les lésions constatées.

Les délais de vérification des vendeurs sont fixés à trois jours francs.

Les viandes saisies seront dénaturées, avant leur envoi à l'équarrissage, à l'aide d'une solution concentrée de crésyl dont la pénétration sera facilitée par de profondes incisions dans les masses musculaires.

ARTICLE 11

Les bestiaux, après avoir été visités, seront placés par les bouchers, charcutiers ou leurs garçons, dans les étables qui leur seront affectées.

Les propriétaires pourvoiront d'une façon suffisante et convenable à la nourriture et à la litière de leurs bestiaux dans l'abattoir. En fournissant le nécessaire, ils pourront confier ces soins au concierge ou à tout homme de peine attaché à l'abattoir, moyennant la rétribution suivante :

Par jour et par tête de bœuf, vache ou taureau.. Fr. 0 15
    —   —   veau, mouton ou porc........ 0 10

Les animaux stationnant dans l'établissement ne devront pas jeûner plus de quarante-huit heures. En cas de négligence ou d'insuffisance dans l'entretien et la nourriture des bestiaux, constatées par le vétérinaire-inspecteur, il y sera pourvu d'office aux frais des bouchers et charcutiers.

ARTICLE 12

Une nouvelle visite sera faite par l'Inspecteur après l'abatage ; les viandes reconnues saines seront marquées de l'estampille du vétérinaire. Cette marque sera apposée sur chaque quartier, à l'endroit le plus apparent ; elle indiquera que les viandes ont été vérifiées par l'inspecteur sanitaire et que les droits d'octroi ont été acquittés ou garantis. A l'égard des viandes malsaines, il sera procédé comme il est dit à l'article 10.

Des estampilles différentes, dont les empreintes seront déterminées par le Maire, seront employées suivant les cas ci-après :

1° Viandes sacrifiées à l'abattoir et déclarées pour la consommation locale ;

2° Viandes sacrifiées à l'abattoir et devant être directement transportées dans une autre commune ;

3° Viandes foraines.

Les marques seront apposées en nombre suffisant sur chaque quartier ou morceau détaché ainsi que sur les abats.

Article 13

Le service d'inspection sera fait chaque jour à l'abattoir public, aux heures ci-après :

Pendant les mois de : janvier, février, novembre et décembre, de huit heures à onze heures du matin et de deux heures à cinq heures du soir.

Pendant les mois de : mars, avril, septembre et octobre, de sept heures et demie à onze heures du matin et de deux heures à six heures du soir.

Pendant les mois de : mai, juin, juillet et août, de sept heures à onze heures du matin et de deux heures à six heures du soir.

Les jours de marché, c'est-à-dire les lundis, mercredis, jeudis et samedis, l'ouverture et la clôture de la visite du matin seront avancées d'une heure. Les fêtes et dimanches et jours fériés, l'inspection n'aura lieu que le matin, sauf pour les mois de juin, juillet, août et septembre, où une seconde visite aura lieu l'après-midi et devra être terminée une demi-heure avant la fermeture de l'abattoir, mais seulement dans le cas où la fermeture sera retardée par le Maire, conformément au 3e § de l'article 6.

Dans les intervalles des permanences fixées ci-dessus, l'Inspecteur visitera fréquemment les étaux, boutiques, magasins et caves des bouchers, charcutiers et tripiers, et des épiciers vendant de la charcuterie et des viandes salées ou conservées.

Les jours de marchés, sur l'ordre du Maire ou du Préposé en chef, ou même quand l'inspecteur le jugera convenable, la visite sanitaire du matin pourra être interrompue à l'abattoir à partir de l'heure d'ouverture du marché et celle du soir pourra être momentanément suspendue, pour permettre à l'Inspecteur sanitaire de visiter les denrées alimentaires mises en vente sur le marché public.

Les denrées saisies chez les commerçants, sur les marchés, ou sur la voie publique seront immédiatement transportées par les détenteurs au local spécial de l'abattoir.

L'heure d'ouverture des marchés est ainsi fixée :

Janvier, février, novembre et décembre : huit heures du matin.

Mars, avril, septembre et octobre : sept heures et demie du matin.

Mai, juin, juillet et août : sept heures du matin.

A défaut d'inspection sanitaire permanente, les heures des visites journalières du vétérinaire seront fixées par le Maire. Il en sera de même du montant des vacations à allouer audit vétérinaire, dans les limites du crédit affecté à cet objet.

ARTICLE 14

Dans le but de prévenir la dissémination des maladies contagieuses, tout animal de boucherie ou de charcuterie pénétrant à l'abattoir devra y être abattu.

A titre exceptionnel, pourront être retirés, après autorisation du Maire, sur rapport du vétérinaire municipal, les animaux qui auraient été introduits dans l'établissement accidentellement ou par erreur. Dans ce cas, le propriétaire ou conducteur devra acquitter les droits de stationnement fixés à l'article 4, s'il n'est pas locataire d'une étable.

Le règlement de l'abattoir ne porte aucune atteinte aux lois et règlements de l'octroi, qui conservent toute leur vigueur.

Viandes foraines

ARTICLE 15

Les viandes fraîches de bœuf, de taureau, de vache, de veau, de mouton et d'agneau, de chèvre, de chevreau et de porc non préparées à l'abattoir communal seront considérées comme viandes foraines.

Les viandes salées ou fumées ou autres préparations de charcuterie et les conserves de viandes seront soumises, comme les viandes fraîches, à la visite sanitaire, tant à l'abattoir que dans les dépôts de vente, mais ne seront pas frappées de la taxe de visite.

Les viandes foraines ne pourront être introduites en vue de leur vente sur le territoire de la commune que si elles sont accompagnées d'un certificat d'origine et de salubrité délivré par un vétérinaire qui aura assisté à l'abatage de l'animal. Elles devront être en outre marquées d'une estampille dont le timbre sera reproduit sur ledit certificat.

Seront dispensés du certificat d'origine et de salubrité :

1° Les abats et issues ;

2° Les viandes foraines, même dépecées, qui auront été sacrifiées dans un abattoir public ou dans une tuerie particulière régulièrement inspectée, à condition que chaque morceau porte l'estampille du service d'inspection de l'abattoir ou de la tuerie ;

3° Les viandes présentées au moins par quartiers, le poumon adhérent à l'un des quartiers de devant, les rognons aux quartiers de derrière, la plèvre et le péritoine étant gardés intacts.

Ces viandes seront directement transportées à l'abattoir pour y être soumises à la visite sanitaire. Cette vérification donnera lieu à la perception de la taxe de visite fixée à l'article 4. Lorsque les viandes auront été reconnues propres à la consommation, l'Inspecteur les fera immédiatement estampiller comme il est dit à l'article 12.

Les viandes entrées en dehors des heures pendant lesquelles se fait le service de l'Inspection seront placées dans la salle de vérification où elles devront rester en attendant que ce service fonctionne.

Dès leur arrivée à l'abattoir, les viandes seront déchargées et transportées dans la salle spéciale sus-désignée ; elles seront suspendues aux barres ou placées sur une table, le tout par les soins des introducteurs qui sont également tenus de placer leurs viandes sur la bascule avant le pesage et de les retirer aussitôt que le poids en sera reconnu.

Le présent article n'est pas applicable aux viandes fraîches introduites isolément par de simples consommateurs et pour leur usage personnel, en quantités ne dépassant pas trois kilog. Au-delà de ce maximum, aucune exception n'est faite, que les viandes soient ou non déclarées pour la vente publique et quelle que soit la qualité des introducteurs.

Toutes viandes foraines présentées à la visite et reconnues malsaines seront saisies et confisquées conformément à l'article 10. Les viandes corrompues chez les bouchers, charcutiers et marchands de comestibles de la ville seront transportées par eux à l'abattoir et déposées dans le local des saisies. Il leur est absolument interdit de s'en débarrasser par aucun autre moyen. Ces viandes seront ensuite enlevées comme il est dit à l'article 10.

Police de l'Abattoir

Article 16

Les taureaux, bœufs et vaches seront exclusivement abattus à l'aide de l'appareil Bruneau ; pour l'abatage ils devront être solidement attachés aux anneaux scellés dans chaque case dont les portes devront être fermées.

Les animaux reconnus dangereux ne pourront être conduits des bouveries aux cases d'abatage qu'avec des entraves. En cas d'accident les bouchers seront responsables de leur négligence ou de celle de leurs garçons.

Il est fait exception, en ce qui concerne le mode d'abatage, pour les animaux destinés à la boucherie israélite, lesquels continueront à être sacrifiés suivant les règles et coutumes de ce culte.

ARTICLE 17

La fourniture de l'eau froide dans l'abattoir, la désinfection des locaux, ainsi que les soins généraux de propreté, sont à la charge de la ville.

Toutefois, il est enjoint aux bouchers, charcutiers et tripiers, de laver ou faire laver soigneusement leurs salles de travail, murailles et portes comprises, aussitôt l'abatage et l'habillage des différents animaux et de les tenir en bon état constant de propreté ainsi que de tenir propres les différents ustensiles nécessaires à leur service et dont ils doivent se pourvoir eux-mêmes, à l'exception du matériel fixe et de l'appareil Bruneau qui sont fournis par la ville. L'entretien et le remplacement de ces dernier objets sont à la charge de l'Administration.

ARTICLE 18

Il est défendu de laisser séjourner dans les cases d'abatage ou échaudoirs, aucun amas de suif, graisse, dégras, ratis, panses, boyaux, cuirs et peaux en suint ou en manchons, salés ou non salés.

Les issues blanches et rouges seront transportées immédiatement à la triperie et enlevées chaque jour de l'abattoir, dès qu'elles seront cuites ou préparées.

Le sang des animaux ne pourra être conservé que dans des fûts bien clos qui seront enlevés tous les jours, du 1er mars au 31 octobre et dans le délai de trois jours pendant les autres mois de l'année.

Il est défendu de jeter sur les fumiers le sang et les détritus organiques des animaux ; ces résidus seront enlevés de l'abattoir comme il est dit à l'article 10 pour les viandes saisies.

Les panses et boyaux non utilisés et laissés à l'abattoir devront être vidés par les bouchers et charcutiers et placés par eux dans les récipients qui leur seront désignés.

Tout amas, dans l'abattoir, de bourres, caboches, sabots, pieds, onglets, os, cornillons et autres débris durs est défendu. Ces débris devront être dépouillés de leurs matières corruptibles et enlevés chaque jour.

La circulation en ville des abats et issues non cuits ou préparés est interdite. Sont exceptés de cette interdiction : 1° les abats non détachés des quartiers de l'animal abattu ; 2° les abats et issues qui, au moment de leur introduction, seront dirigés sur l'abattoir ou une triperie autorisée.

ARTICLE 19

Les fumiers seront enlevés des fosses, aussi souvent qu'il sera jugé nécessaire par l'Inspecteur et transportés dans des voitures chargées de façon à ne rien répandre sur la voie publique. Cette opération aura lieu avant sept heures du matin du 1er mars au 31 octobre et avant neuf heures pendant les autres mois de l'année.

Le gardien est personnellement chargé de l'exécution des présentes dispositions.

ARTICLE 20

Il est défendu de jeter aucun débris ou boyau dans les ruisseaux et de s'en débarrasser autrement que par le procédé indiqué au paragraphe 5 de l'article 18.

ARTICLE 21

La paille pour le grillage des porcs et le combustible nécessaire pour le travail des triperies seront fournis par les charcutiers et les tripiers.

ARTICLE 22

L'entrée et la circulation dans les greniers sont interdites pendant la nuit.

Il est défendu d'entrer la nuit dans les étables et autres locaux autrement qu'avec des lanternes bien closes et à réseau métallique.

Il est défendu de coucher dans les cases d'abatage, échaudoirs, écuries, greniers, ou tous autres locaux dépendant de l'abattoir. Les patrons seront responsables des infractions au règlement et des dégâts commis par leurs ouvriers.

Tous dépôts de laines grasses, chiffons et vêtements graisseux, désinfectants combustibles, goudron, chlorure de chaux et autres matières facilement inflammables ou à émanations dangereuses, sont formellement interdits ailleurs que dans les locaux isolés à ce destinés.

ARTICLE 23

Il est défendu de rien écrire, tracer ou crayonner sur les portes ou sur les murs de l'abattoir, comme aussi d'ouvrir sans nécessité les robinets des conduites d'eau. Aucune voiture de fourrages ou combustibles ne sera reçue dans l'abattoir, si son chargement ne peut être remisé avant la nuit.

ARTICLE 24

Défense est faite de jouer, fumer et d'introduire des boissons dans l'intérieur de l'abattoir, si ce n'est pour les besoins des personnes qui y habitent.

Tout individu en état d'ivresse, ou qui troublerait l'ordre par des chants ou des actes répréhensibles, sera expulsé sur-le-champ.

L'entrée de l'abattoir est rigoureusement interdite à toutes

personnes autres que celles qui y seront appelées par leur commerce
ou par leur travail, ou qui ont reçu de l'Administration mission d'y
pénétrer.

ARTICLE 25

Aucun dépôt de voitures ou ustensiles quelconques ne pourra
être toléré dans les cours de l'abattoir. Les voitures amenant des
bestiaux, viandes, fourrages, combustibles ou celles nécessaires à
l'enlèvement des fumiers ou des viandes pourront seules y pénétrer.

ARTICLE 26

La viande ne pourra sortir de l'abattoir qu'autant qu'elle sera
estampillée, comme il est dit aux articles 12 et 15 et par quartiers
ou par animal entier. Elle devra être convenablement enveloppée et
les conducteurs devront prendre les précautions nécessaires pour
que le sang ne se répande pas sur la voie publique.

ARTICLE 27

Les chiens employés à la conduite des bestiaux pourront seuls
pénétrer dans l'abattoir, mais ils devront être attachés dès que les
animaux de boucherie auront été introduits dans les étables.

ARTICLE 28

Toute coalition de maîtres, garçons ou apprentis, pour faire cesser
ou entraver d'une manière quelconque le service de l'abattoir sera
poursuivie conformément à l'article 415 du Code pénal.

ARTICLE 29

Il est défendu à toute personne logée ou employée à l'abattoir
d'y élever ou engraisser des porcs, lapins, pigeons, poules, chèvres
ou autres animaux, et d'y faire aucun commerce. Il est également
défendu de satisfaire aucun besoin naturel ailleurs que dans les urinoirs ou lieux d'aisance.

ARTICLE 30

L'Inspecteur veillera à ce que les cours et l'entrée de l'abattoir
soient tenues très proprement. Il fera nettoyer chaque jour les
urinoirs et les lieux d'aisance.

Le gardien veillera à ce que la grille de l'abattoir soit constam-
ment fermée, et ouverte seulement aux personnes ayant droit d'y
pénétrer, il s'assurera du contenu des voitures ou paquets entrant
ou sortant.

Article 31

Les charcutiers, tripiers et fondeurs de suif devront faire ramoner à leurs frais, au moins une fois par mois, les cheminées de leurs ateliers.

Cette opération sera faite plus souvent si elle est jugée nécessaire.

Article 32

Toutes les dispositions d'ordre et de propreté concernant les bouchers, charcutiers et tripiers s'appliquent également à l'abattoir des chevaux.

Circulation des animaux destinés à l'abattoir.

Article 33

Les bestiaux destinés à l'abattoir seront, après l'accomplissement des formalités prescrites par le règlement de l'octroi, conduits de la façon suivante et sans pouvoir stationner sur leur parcours ; les taureaux, bœufs ou vaches devront être entravés ; il est défendu de les faire courir et de les laisser pénétrer sur les trottoirs et contre-allées ou sur tout autre terrain que la chaussée elle-même. Ces mêmes animaux pourront être également transportés sur des voitures spéciales ou solidement attachés derrière des voitures ordinaires. Les taureaux devront toujours être munis d'un anneau nasal dit « mouchette ».

Les veaux, moutons et agneaux, chèvres et chevreaux et les porcs seront placés sans entraves et transportés sur des voitures dont les côtés seront fermés.

Dans tous les cas les conducteurs ne pourront emprunter d'autres voies que les suivantes : route Nationale, avenue de Mézières, quai de la Madeleine et du Sépulcre, rue Forest, faubourg du Petit-Bois, viaduc, rue des Forges Saint-Charles.

La circulation des bestiaux traversant la ville ou qui seront dirigés sur un entrepôt, est soumise aux règles ci-dessus.

Boucherie hippophagique.

Article 34

Le débit de la viande de cheval, d'âne et de mulet est permis dans la ville de Charleville aux conditions suivantes :

1° Les animaux destinés à l'alimentation publique ne seront tués qu'à l'abattoir de la ville ; ils seront soumis à l'examen du vétérinaire-inspecteur avant et après l'abatage et ils ne pourront être abattus que dans les échaudoirs désignés à cet effet ;

2° L'introduction dans la ville de Charleville de viandes mortes de chevaux, ânes ou mulets ne pourra se faire que par quartiers estampillés et accompagnés d'un certificat d'un vétérinaire attestant que l'animal a été visité avant et après l'abatage et mentionnant le motif de l'abatage ;

3° Nul ne pourra ouvrir un étal pour la vente de cette viande sans avoir au préalable obtenu l'autorisation de l'Administration municipale ;

4° L'étal sera signalé au public par une enseigne indiquant sa spécialité ;

5° La vente de toute autre espèce de viande est interdite dans les établissements faisant le commerce des viandes de cheval, d'âne ou de mulet.

Accidents.

ARTICLE 35

En cas d'accident, lorsque l'animal à abattre ne peut être transporté, le vétérinaire-inspécteur de l'abattoir doit être immédiatement avisé.

Si, en raison de l'urgence, l'abatage a dû être pratiqué en dehors de la présence de ce technicien, l'attestation d'un vétérinaire diplômé devra être produite.

Dans ce cas, le cadavre sera transporté à l'abattoir, étant dépouillé et éviscéré, mais non dépecé. Les poumons et le foie devront avoir conservé leurs attaches naturelles, le cuir restant adhérent, à la tête.

ARTICLE 36

Tout propriétaire, gardien ou détenteur à quelque titre que ce soit, sur le territoire de la commune de Charleville, d'un animal mort ou abattu par suite de maladie, est tenu d'en faire sur le champ la déclaration à la mairie.

Cette déclaration n'est obligatoire, en ce qui concerne les petits animaux tels que : chiens, chats, lapins, volailles, etc.. que dans le cas de mortalité ayant un caractère épizootique.

La chair des animaux morts par suite de maladie ne peut être livrée à la consommation.

L'enlèvement des cadavres de chevaux, mules, mulets, ânes, taureaux, bœufs, vaches et autres gros animaux, morts ou abattus comme il est dit au premier paragraphe ci-dessus, aura lieu aux frais et par les soins de la Ville. Les cadavres de porcs, veaux, moutons, chèvres, chats, lapins, volailles et autres petits animaux devront être immédiatement transportés, par leurs propriétaires ou détenteurs, à l'Abattoir Municipal, où ils seront déposés dans le local des saisies. Ils seront ensuite traités et enlevés comme viandes saisies, par les soins de l'Administration Municipale.

ARTICLE 37

Sont rapportées les dispositions du règlement et des arrêtés précédents concernant l'Abattoir public en ce qu'elles ont de contraire au présent arrêté qui sera imprimé, publié et affiché.

ARTICLE 38

Les contraventions aux prescriptions du présent Règlement seront constatées par le personnel du service des Taxes Municipales de remplacement et de l'Abattoir ; elles seront signalées par des rapports spéciaux qui seront adressés au Préposé en Chef chargé de les transmettre, avec son avis pour la suite à y donner, au Maire et au Commissaire de Police.

ARTICLE 39

Les agents des services sanitaires de l'Etat ou des Départements ont libre accès dans l'Abattoir pendant les heures d'ouverture.

ARTICLE 40

Le Commissaire de police, le Préposé en Chef de l'Octroi, l'Inspecteur sanitaire et les Agents sous leurs ordres sont chargés, chacun en ce qui le concerne, d'assurer l'exécution du présent arrêté.

Le présent Règlement sera applicable à partir du 1er Juin 1922.

Charleville, le 30 Janvier 1923.

Le Maire,
Signé : Docteur VASSAL

1er Division — Vu et approuvé.

Mézières, le 6 Février 1923

Pour le Préfet :
Le Conseiller de Préfecture,
Signé : Le FAUCHEUR.

Pour copie conforme :
Le Maire,
Signé : Docteur VASSAL.

9 782329 044538